AF381242

LA BATAILLE DE LA SOMME

1916, l'offensive alliée qui a sauvé Verdun

Par Julien Wilmart
Sous la direction d'Antoine Baudry

50MINUTES.fr

LA BATAILLE DE LA SOMME

INTRODUCTION

Combat prenant place durant la Première Guerre mondiale, la bataille de la Somme est le symbole de l'offensive inutile et coûteuse des stratèges de ce premier conflit mondial. Elle illustre parfaitement les conditions de vie épouvantables des soldats plongés dans des tranchées inondées et boueuses.

Quand Joseph Joffre lance « sa » bataille, il a les mêmes intentions qu'Erich von Falkenhayn (général allemand, 1861-1922) lorsqu'il attaque Verdun en février 1916 : mettre un terme à la guerre de position qui paralyse le front depuis 1914 pour relancer une guerre de mouvement qui aurait l'avantage de briser l'armée allemande. Les deux batailles sont d'ailleurs très proches l'une de l'autre et, outre leur déroulement parallèle, seront étroitement liées : l'une, la Somme, subissant l'autre, Verdun.

Lancée le 1er juillet 1916 dans le secteur de la Somme où doivent se rejoindre les armées française et britannique, la bataille se termine cinq mois plus tard, en novembre, avec, malgré une issue sans réel vainqueur, un léger avantage aux Alliés qui, en progressant peu, ont surtout porté un coup dur au moral des troupes allemandes. En effet, les Allemands échouent non seulement à Verdun, mais ils subissent à leur tour une guerre d'usure.

Si Verdun a fait oublier la Somme et l'a effacée de la mémoire française, cette dernière est ancrée dans les mémoires britannique et allemande suite au traumatisme que leurs armées ont subi, comme en témoignent les nombreux monuments commémoratifs et cimetières militaires de la Somme.

DONNÉES-CLÉS

- **Quand ?** Du 1er juillet au 18 novembre 1916
- **Où ?** Autour du fleuve de la Somme en Picardie (France)
- **Contexte ?** La Première Guerre mondiale (1914-1918)
- **Belligérants ?** Les Alliés (la France et la Grande-Bretagne) contre l'Empire allemand
- **Acteurs principaux :**
  - Joseph Joffre, généralissime de l'armée française (1852-1931)
  - Ferdinand Foch, général français (1851-1929)
  - Douglas Haig, général commandant du *British Expeditionnary Force* (1861-1928)
  - Max von Gallwitz, général allemand (1852-1937)
- **Issue ?** Indécise (retraite tactique allemande)
- **Victimes ?**
  - Camp allié : environ 622 221 hommes mis hors de combat
  - Camp allemand : environ 437 322 hommes mis hors de combat

CONTEXTE POLITIQUE ET SOCIAL

LA POLITIQUE EXTÉRIEURE DE LA FRANCE ET LE RAPPROCHEMENT AVEC LA GRANDE-BRETAGNE

Après la défaite française à la guerre franco-allemande de 1870 et la perte de l'Alsace-Lorraine – annexée par l'Allemagne –, la France se retrouve isolée sur le plan diplomatique. Entre 1871 et 1914, elle tente de se redresser sur le plan militaire et commence à rechercher des alliés européens que la puissance allemande inquiète. Toutefois, son objectif principal consiste à récupérer le territoire perdu.

De son côté, l'Allemagne – et son chancelier Otto von Bismarck (1815-1898) – veut isoler la France. Pour ce faire, ce dernier contracte une alliance, surnommée la Triple-Alliance ou Triplice, avec l'Autriche-Hongrie et l'Italie en 1882. Parallèlement, il encourage la France à se lancer dans l'aventure coloniale pour écarter toute idée de revanche dans les esprits français et espère ainsi la pousser dans une guerre contre la Grande-Bretagne. Mais, hormis quelques crises coloniales qui surviennent entre eux, les deux États se rapprochent face à la montée en puissance de l'Allemagne à la fin du XIXe siècle.

Par ailleurs, la France se rapproche également de la Russie en permettant aux investisseurs de placer des emprunts russes dans la bourse de Paris, ce qui permet aux deux nations de conclure une convention militaire en 1892, suivie un an plus tard d'une entente franco-russe. Cette alliance secrète et défensive sonne la fin de l'isolement pour la France.

Par la suite, la France tente de concrétiser son rapprochement avec la Grande-Bretagne et obtient en 1904 une série d'accords bilatéraux, surnommés l'Entente cordiale, qui met fin à leurs contentieux coloniaux en définissant des zones d'influence dans le monde pour éviter les conflits. Il s'agit d'une alliance défensive. Trois ans plus tard, la Grande-Bretagne et la Russie signent un traité délimitant leur sphère d'influence. Ce traité, appelé l'Entente cordiale, et l'alliance franco-russe de 1892 constituent la base de la

Triple-Entente (dont les membres sont appelés les Alliés après le début de la guerre) formant un contrepoids puissant à la Triple-Alliance.

LA CRISE DE 1914 : L'EUROPE ENTRE EN GUERRE

L'année 1914 marque le sommet des tensions entre les États européens, et plus particulièrement entre les pays membres des deux alliances, notamment à cause de différends coloniaux et de la pression que l'Allemagne fait subir à la France et à la Grande-Bretagne.

Le déclenchement de la Première Guerre mondiale provient alors d'un évènement qui paraît, au premier abord, isolé dans l'histoire mondiale : l'assassinat de l'archiduc François-Ferdinand de Habsbourg (1863-1914), héritier de l'empereur d'Autriche, à Sarajevo (Bosnie-Herzégovine) le 28 juin par un nationaliste serbe, Gavrilo Princip (1894-1918).

L'Autriche veut profiter de la situation explosive pour conquérir et annexer la Serbie. Elle lance alors le 23 juillet un ultimatum visant le désarmement de la Serbie qui le refuse au nom de sa souveraineté. L'Autriche-Hongrie lui déclare alors la guerre le 28 juillet, persuadée que le seul risque qu'elle encourt serait que la Russie soutienne la Serbie au nom du panslavisme (doctrine politique et culturelle mettant en avant l'identité commune partagée par les peuples slaves et préconisant leur union politique). De son côté, l'Allemagne choisit de ne pas décourager l'Autriche-Hongrie dans son entreprise et mise sur le fait que le conflit restera localisé dans les Balkans et que la Russie n'interviendra pas.

Mais souhaitant intimider l'Autriche-Hongrie pour la dissuader d'attaquer, la Russie décrète la mobilisation générale le 30 juillet, ce qui terrifie l'ensemble de l'Europe. Prenant conscience que la guerre est proche, les États mobilisent eux aussi pour se tenir prêts. Les événements se bousculent ensuite :

- la France certifie son soutien à la Russie, car elle a peur de perdre l'alliance ;
- la Grande-Bretagne n'adopte pas, en juillet, de positions claires ;
- l'Allemagne, au nom de son alliance avec l'Autriche-Hongrie et pour imposer ses intérêts en Europe, déclare la guerre à la Russie

le 1ᵉʳ août. Après avoir posé un ultimatum à la France qui le refuse, elle lui déclare également la guerre le 3 août. Le 4, elle envahit la Belgique ce qui fait sortir de sa réserve la Grande-Bretagne qui, au nom de la Triple-Entente et comme garante de la neutralité belge, déclare la guerre à l'Allemagne.

Dès le début du conflit, la France, la Grande-Bretagne et la Russie s'accordent pour ne pas signer de paix séparée avec l'Allemagne ou l'Autriche-Hongrie : les trois États sont donc liés jusqu'à la fin du conflit.

Cette crise conduit au premier conflit mondial à cause du jeu des alliances internationales qui représente de fait un piège dans lequel les États se retrouvent coincés. La situation échappe rapidement à tout contrôle. Toutefois, en 1914, tous les États sont persuadés de leur victoire et estiment par conséquent que la guerre sera de courte durée.

LES PREMIERS COMBATS ET LE CHANGEMENT DE STRATÉGIE MILITAIRE

En envahissant la Belgique et le Luxembourg le 4 août 1914, le général Helmuth Johannes von Moltke, chef d'état-major allemand (1848-1916), adapte le plan *Schlieffen*, du nom de son concepteur, élaboré entre 1891 et 1905, qui prévoyait d'attaquer et de battre la France rapidement à l'ouest pour ensuite écraser la Russie à l'est. Mais lorsque la Belgique refuse de laisser passer les troupes allemandes pour envahir la France, l'Allemagne l'attaque aussitôt. Cependant, contrairement aux suppositions allemandes, l'armée belge oppose une forte résistance, ce qui retarde l'invasion de la France et permet aux Alliés d'aller à la rencontre des Allemands. Les Alliés ne parviennent toutefois pas à arrêter l'ennemi en Belgique et doivent se replier sur la Marne.

Les Allemands se mettent dès lors en marche vers Paris, mais le général Alexander von Kluck (1836-1934) décide de foncer vers l'est et les arrières des troupes alliées, laissant la capitale derrière lui, pour les encercler. Joseph Gallieni, gouverneur militaire de Paris (1849-1916), remarque alors que l'armée adverse présente son flanc au sud-ouest et en avertit aussitôt Joseph Joffre pour le persuader de l'attaquer par surprise. Celui-ci procède dès lors à une retraite en bon ordre et lance une contre-offensive, appelée la bataille de la Marne (6-12 septembre 1914). Pour renforcer l'attaque, de nombreux soldats sont acheminés sur le champ de bataille, notamment grâce à la réquisition des taxis parisiens, devenus un symbole d'unité et de solidarité nationale. Cette victoire alliée met en échec le plan *Schlieffen* et arrête l'avancée allemande.

Progressivement, un front se forme, se stabilise et se consolide durant les derniers mois de 1914. À présent, chaque armée campe sur ses positions, se fait face et s'enterre dans un réseau de tranchées. Les deux armées se rencontrent et renforcent les lignes de front pour éviter toute avancée de l'autre et permettre de relancer une attaque dès que possible. Dès septembre-octobre 1914, la guerre de mouvement fait place à une guerre de position sur un front d'environ 750 kilomètres. Suite à cet enlisement, c'est toute la société qui se trouve progressivement mobilisée pour participer à l'effort de guerre. Le conflit mondial devient de fait une guerre totale : l'issue dépend autant du front – des soldats – que de l'arrière – de la main-d'œuvre, des productions industrielles militaires, etc. – et de la capacité de chaque État à mobiliser ses ressources intérieures pour soutenir son armée.

LES ORIGINES DE LA BATAILLE DE LA SOMME ET LE POIDS DE LA BATAILLE DE VERDUN

Désirant prendre l'avantage sur les troupes allemandes, le général Joseph Joffre décide de préparer une grande offensive dans la Somme, où le front a été relativement calme durant l'année 1915. Le choix de ce lieu s'explique par la volonté qu'a Joseph Joffre d'organiser une attaque conjointement avec les Britanniques. Or, la Somme représente le point de jonction entre les troupes britanniques, au nord, et les troupes françaises, au sud. De plus, après le début de leur offensive sur Verdun (février 1916), les Allemands ne s'attendent pas à être attaqués dans ce secteur. La bataille de rupture voulue par

Joseph Joffre a le même objectif que l'offensive allemande : rompre le front et relancer une guerre de mouvement.

La bataille de Verdun est lancée le 21 février 1916 par les Allemands et vise à percer le front pour en finir avec la guerre de position et revenir à une guerre de mouvement. Mais les Français résistent dans leurs tranchées et bloquent l'offensive allemande, qui se transforme en une bataille d'usure visant à épuiser les réserves de l'adversaire. En mai-juin, la situation s'aggrave pour la France, car les Allemands commencent à percer en prenant notamment le fort de Vaux (7 juin). Le déclenchement de la bataille de la Somme en juillet permet alors de soulager les troupes françaises mobilisées à Verdun et d'attaquer les Allemands là où ils s'y attendent le moins. L'avancée allemande à Verdun est dès lors arrêtée. En août, les Français prennent le dessus grâce à la réduction des effectifs allemands à Verdun et reprennent les forts de Douaumont (24 octobre) et de Vaux

(2 novembre). Les combats durent dix mois et se terminent par une victoire française en décembre 1916, grâce notamment aux généraux Philippe Pétain (1856-1951) et Georges Robert Nivelle (1856-1924), mais au prix de nombreuses pertes : 146 000 Français sont morts ou disparus contre 140 000 Allemands.

Début décembre 1915, Joseph Joffre s'entretient avec les Britanniques pour leur proposer son projet d'offensive conjointe et obtient leur accord sans toutefois fixer de date précise. De leur côté, les Russes doivent lancer à la même période une grande offensive sur le front de l'Est. Originellement, cette bataille est préparée comme une offensive française soutenue par les Britanniques, l'effort principal venant du camp français. Vu les échecs des campagnes de 1915, Joseph Joffre désire profiter d'attaques répétées à intervalles brefs visant des objectifs limités. Ces séries de courtes opérations constituent des actions offensives larges et profondes pour enfoncer les lignes ennemies : telle est la tactique d'une bataille de rupture.

Cependant, le 21 février, les Allemands lancent une puissante offensive sur le front français à Verdun. Par manque de troupes françaises, cette attaque inattendue empêche le généralissime français de mener à la fois une bataille défensive à Verdun et une bataille offensive dans la Somme. Ferdinand Foch doit alors revoir le plan d'attaque et modifie les objectifs des Britanniques : la bataille de Verdun redoublant d'intensité et l'envoi de troupes françaises situées sur le front de la Somme pour défendre Verdun étant de plus en plus important, ce sont les Britanniques qui doivent à présent fournir l'effort principal, car ils disposent d'un plus grand nombre de troupes dans ce secteur. Avec ce nouveau plan, Douglas Haig, commandant en chef des troupes britanniques, se met officieusement sous la dépendance de Joseph Joffre. Ainsi, de sa conception à son dénouement, la bataille de la Somme est étroitement liée à la bataille de Verdun.

ACTEURS PRINCIPAUX

JOSEPH JOFFRE, GÉNÉRALISSIME DE L'ARMÉE FRANÇAISE

Joseph Joffre est le généralissime de l'armée française depuis 1911. Dès sa prise de commandement, il réorganise l'armée en développant les aspects logistiques et en misant sur de nouvelles armes qui n'ont pas encore fait leurs preuves telles que l'aviation et l'artillerie lourde. Il élabore également le plan XVII qui prévoit une offensive contre l'Allemagne en cas de guerre, une mobilisation rapide, un service militaire de trois ans et la mise en place d'une doctrine de l'offensive à outrance dans le but de récupérer l'Alsace-Lorraine.

Quand la guerre éclate, il attaque en Lorraine et en Alsace alors que les Allemands appliquent le plan Schlieffen et passent par la Belgique. Mais face à une armée allemande trop forte et après la bataille des frontières (7-23 août 1914), Joseph Joffre doit annoncer la retraite de l'armée française. Il parvient toutefois à remporter une victoire lors de la bataille de la Marne grâce à l'utilisation de trains et de taxis parisiens pour y acheminer des troupes. En 1915, le front se stabilisant, il veut passer à l'offensive et lancer plusieurs assauts pour rompre le front en Artois et en Champagne, en vain. Le 2 décembre, il est nommé commandant en chef de toutes les armées françaises, ce qui en fait le chef de la coalition.

En décembre 1915, il annonce la nécessité d'attaquer dans la Somme et propose ce projet aux Britanniques qui l'acceptent. L'élaboration du plan de la bataille est alors confiée au général Ferdinand Foch. Mais suite aux résultats décevants de l'offensive, il est limogé fin décembre 1916 et est aussitôt nommé maréchal de France. Il est remplacé à la tête des armées par le général Georges Robert Nivelle (1856-1924).

En avril-mai 1917, après l'entrée en guerre des États-Unis, il retrouve cependant un rôle actif comme conseiller militaire de la mission Viviani, qui a pour but de déterminer les grandes lignes de la coopération militaire entre les forces alliées et américaines. Après son retour, le 14 février 1918,

Joseph Joffre est élu à l'Académie française. À partir de 1920, il se voit confier plusieurs missions de commémoration en Europe et des missions diplomatiques aux États-Unis et en Extrême-Orient. Rentré en 1922, il se retire à Louveciennes (ouest de Paris) où il rédige ses mémoires. Il décède en 1931 et reçoit de l'État des obsèques nationales.

FERDINAND FOCH, GÉNÉRAL FRANÇAIS

Ferdinand Foch est un général de l'armée française. Après avoir officié à l'École de guerre au début du XXe siècle, il reçoit plusieurs commandements. Quand la guerre éclate, il attaque avec la 2e armée en Lorraine. Le 4 octobre, il est nommé par Joseph Joffre adjoint au général en chef et est chargé de coordonner les actions françaises et alliées de l'Oise à la mer ; il devient ainsi le commandant du groupe d'armées du Nord. En 1915, il coordonne les attaques alliées en Artois (9 mai-25 septembre). Comme Joseph Joffre, il est partisan de grandes offensives destinées à rompre le front allemand. Ce dernier lui confie alors en décembre la conception du plan de la bataille de la

Somme. Afin de réaliser ses objectifs, il cherche l'attaque permanente sur un large front tout en veillant à limiter les attaques en profondeur sur la zone préparée par l'artillerie.

Après la bataille, tout en conservant son titre de chef de groupe d'armées, il est écarté du commandement suite aux nombreuses critiques émises par ses subordonnés et le grand quartier général. Après quelques missions de second ordre, il est envoyé en Italie à la fin de l'année 1917 pour mener le corps expéditionnaire franco-britannique. Au début de l'année 1918, les Alliés désignent Ferdinand Foch comme généralissime, commandant suprême des troupes alliées. Il devient alors maréchal de France et, après l'armistice, est nommé maréchal du Royaume-Uni et entre à l'Académie française. En 1919, il devient pendant un an le président du Conseil supérieur de la guerre. Décédé en 1929, il reçoit des funérailles nationales et est enterré sous le dôme des Invalides, à Paris.

DOUGLAS HAIG, GÉNÉRAL BRITANNIQUE

Douglas Haig est un général britannique qui a officié pendant la Première Guerre mondiale. Après une carrière militaire dans l'Empire britannique, il devient directeur de l'entraînement au *War Office* chargé de réformer l'armée. Pressentant l'imminence d'une guerre longue, il met sur pied un corps expéditionnaire de 100 000 hommes prêts à intervenir en Europe. Grâce à ses précieux préparatifs, il connaît une carrière fulgurante dès l'entrée en guerre : il devient chef de corps d'armée en août 1914, puis commandant de la 1ʳᵉ armée un an plus tard, pour ensuite remplacer le général John Denton Pinkstone French (1852-1925) comme commandant en chef des forces britanniques en France le 19 décembre 1915 – poste qu'il occupe jusqu'à la fin de la guerre.

Il commande ainsi les trois armées britanniques engagées dans la bataille de la Somme et suit les grandes lignes des directives françaises. C'est pourtant contre l'avis de Joseph Joffre qu'il déclare le 21 novembre la fin des combats pour les soldats britanniques dans le secteur de la Somme. Grâce à ce demi-succès, il est nommé Field Marshal le 1er janvier 1917 et dirige la bataille de Passchendaele (31 juillet-6 novembre 1917, en Belgique).

Après 1918, il participe en France au nettoyage des champs de bataille et aux premières opérations de reconstruction. Un an plus tard, il devient commandant en chef des forces intérieures britanniques avant de prendre sa retraite en 1920 pour se consacrer à la glorification des anciens combattants à travers l'Empire britannique. Il décède en 1928 à Londres.

MAX VON GALLWITZ, GÉNÉRAL ALLEMAND

Max von Gallwitz est un général allemand ayant participé à la Première Guerre mondiale. Pendant le conflit, il commande sur les fronts de l'Est et de l'Ouest. Lors de l'invasion en 1914, il prend part à plusieurs actions en Belgique. À partir de septembre 1914, il est affecté au front de l'Est contre les Russes où il participe à la bataille de Varsovie (17 août-14 septembre 1915).

Transféré sur le front de l'Ouest au début de 1916, il participe à la bataille de Verdun avant de prendre le commandement de la IIe armée sur la Somme en juillet pour faire face à l'offensive alliée. Pour contrer cette attaque et défendre le secteur, il reçoit le 16 juillet le commandement du « groupe d'armées Gallwitz ». Son objectif consiste alors à renforcer les positions allemandes et à tenir le front sans rien concéder aux Alliés.

Après la bataille de la Somme, il est envoyé à Verdun en décembre 1916 où il doit rétablir la situation après la victoire française. Il commande le groupe ouest jusqu'en 1918. Les 12 et 13 septembre, il combat le général John Joseph Pershing (général américain, 1860-1948) et les premières troupes américaines débarquées à la bataille de Saint-Mihiel. Ensuite, du 26 septembre au 11 novembre, il doit faire face aux troupes franco-américaines lors de la dernière offensive de la guerre, celle de la Meuse-Argonne dont il sort perdant. Cette défaite conduit aussitôt à la signature de l'armistice. Max von Gallwitz quitte l'armée en décembre 1918. Après une carrière de député dans les années 1920, il décède à Naples en 1937.

ANALYSE DE LA BATAILLE

LES PRÉPARATIFS DE L'OFFENSIVE ALLIÉE

Le front de la Somme se trouve dans le Nord de la France, sur le plateau picard, de part et d'autre du fleuve. Les principaux objectifs de la bataille de la Somme sont, outre la percée des lignes allemandes, la reprise de Bapaume, au nord du champ de bataille, par les Britanniques, et celle de Péronne, au sud, par les Français. Le champ de bataille forme ainsi un triangle entre ces deux villes, à l'est, côté allemand, et Albert, à l'ouest, côté britannique. La plupart des crêtes et promontoires sont occupés par les Allemands. L'habitat constitue un maillage relativement serré de villages distants d'environ trois kilomètres.

La date de l'attaque est finalement fixée au 29 juin 1916. Elle doit avoir lieu sur un front de 40 kilomètres depuis Gommecourt, au nord, à

Chilly, au sud. Les Britanniques occupent le nord du champ de bataille et doivent attaquer sur un front de 25 kilomètres, tandis que les Français, au sud, ont un front de 15 kilomètres. Preuve que, depuis l'attaque de Verdun, l'effort maximal doit venir des Britanniques. La jonction entre les deux armées doit se faire autour du village de Maricourt.

À la veille de l'attaque, les Britanniques alignent 26 divisions d'infanterie et trois de cavalerie réparties en trois armées ainsi qu'une artillerie lourde et de campagne. Les Français disposent de 18 divisions (au lieu des 42 initialement prévues) et quatre de cavalerie ainsi que d'une artillerie plus puissante que celle dont disposent les Britanniques. De son côté, l'armée allemande ne peut opposer que huit divisions (cinq au nord et trois au sud du front), mais dispose de 13 divisions en réserve ; quant à l'artillerie, elle ne possède que le tiers de la puissance de feu alliée. Pendant la bataille, les Allemands recevront quelques divisions envoyées en renfort depuis le front de Verdun. Ils disposent toutefois de puissantes défenses qu'ils ont consolidées et fortifiées depuis le mois d'octobre 1914 :

- les deux premières positions allemandes, distantes d'environ 5 kilomètres, sont composées de plusieurs lignes de tranchées protégées par des réseaux de barbelés ;
- à l'arrière, la troisième position est tout aussi bien défendue ;
- tout le terrain est occupé. Les villages et les bois sont fortifiés, les carrières servent de refuge et des abris de mitrailleuses bétonnés sont disséminés sur tout le front. De plus, dans les tranchées, des abris en béton ont été construits jusqu'à 12 mètres de profondeur, permettant aux hommes de se protéger des plus puissants bombardements, ce que les Alliés ignorent.

BON À SAVOIR

La nouvelle armée Kitchener, dite « l'armée K », est créée par Lord Kitchener, ministre anglais de la Guerre (1850-1916), le 7 août 1914 par un appel aux volontaires. À l'époque, le service militaire n'existait pas en Grande-Bretagne – il ne devient obligatoire que le 4 mai 1916 –, l'État n'entretenant qu'une petite armée d'environ 150 000 soldats. Par conséquent, lorsque la guerre éclate, les effectifs ne sont pas assez importants. Dès lors, un appel aux volontaires est lancé qui permet de réunir trois millions d'hommes en 1915. Mais l'armée manque de matériel et d'officiers formés et expérimentés pour entraîner ces jeunes soldats qui demeurent inexpérimentés face à des troupes allemandes aguerries. Elle reçoit d'ailleurs les surnoms « d'armée des amateurs » et de « méprisable petite armée anglaise » par les Allemands qui les écrasent dès les premiers jours de la bataille de la Somme.

La préparation d'artillerie commence donc le 24 juin et dure cinq jours : un orage de feu tombe alors sur les lignes allemandes qui semblent dévastées et abandonnées. Ce bombardement général est prolongé de deux jours, car, le 29, le mauvais temps empêche l'offensive qui est repoussée au 1er juillet 1916.

DE LA BATAILLE DE RUPTURE À LA BATAILLE D'USURE : UNE OSCILLATION ENTRE DEUX STRATÉGIES

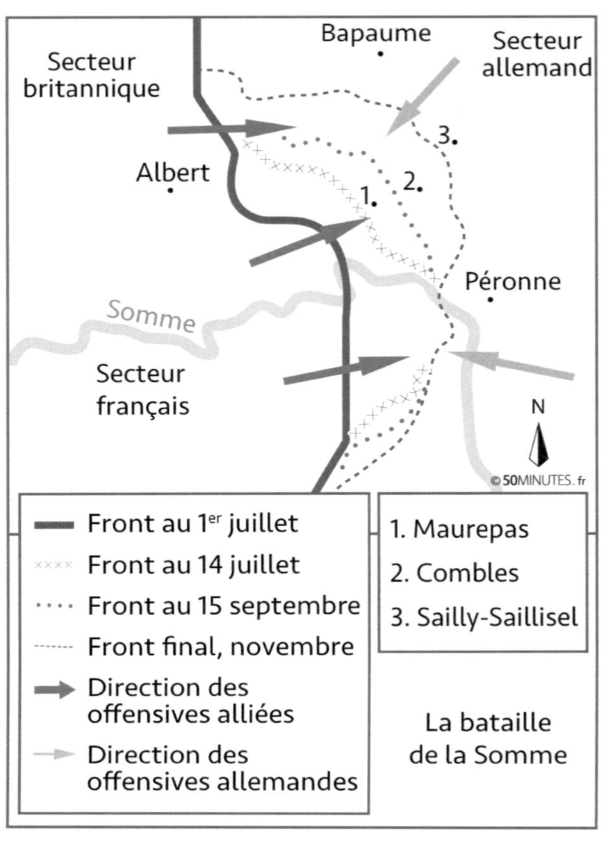

Le 1ᵉʳ juillet, les assauts sont lancés en décalage, au nord à 7 h 30 et au sud à 9 h 30, afin de conserver un double effet de surprise : la « grande offensive » ou *The Big Push* est lancée. Persuadés qu'il s'agit d'une attaque de diversion – le commandement allemand pensait en effet que les Alliés attaqueraient en Artois ou en Alsace –, les Allemands sont pris au dépourvu et, très vite, leur défense générale fléchit. Mais vers la mi-juillet, l'état-major exalte les troupes qui se réorganisent : ordre est donné de tenir jusqu'à la mort sans abandonner de terrain.

Lorsqu'ils lancent l'assaut, les Alliés sont certains de leur victoire grâce aux violents bombardements qui ont précédé l'attaque, mais peu à peu l'optimisme laisse place au traumatisme qui marque les hommes pour tout le reste de la bataille. Les Allemands de première ligne qui ont remarqué les préparatifs britanniques sortent de leurs abris et installent discrètement des mitrailleuses dans les cratères d'obus, leur permettant de faucher les Britanniques en masse dès leur sortie. Si les Français s'emparent des premières positions allemandes, les Britanniques échouent sur leur front. Mais la bataille de rupture s'enlise rapidement et fait place à un grignotage du front qui s'apparente à une bataille d'usure pareille à celle que les Allemands font subir aux Alliés à Verdun. Outre quelques actions ponctuelles desquelles ne découlent que peu de résultats et de fortes pertes, des attaques générales communes sont lancées à plusieurs reprises afin de relancer la bataille et de briser le front allemand.

À la fin du mois de juillet, même si les Alliés progressent peu, ils causent à l'ennemi de fortes pertes humaines et matérielles. Les Français percent au sud, les Britanniques au nord, mais les attaques communes des 1er et 14 juillet, seul moyen d'assurer une progression, se soldent par des défaites. La situation impose donc un changement stratégique, poussant Joseph Joffre à ordonner des attaques d'ensemble sur un large front.

Le mois d'août est plus calme : aucun assaut général n'est lancé et, après le désastre de juillet, les Britanniques préfèrent reporter toutes leurs attaques à septembre. Toutefois, les Français parviennent à prendre Maurepas (Picardie).

Un nouvel assaut général, en trois phases, est lancé les 3, 15 et 25 septembre, ce qui permet aux Français de prendre Combles et d'avancer jusqu'à Sailly-Saillisel et au bois de Saint-Pierre-Vaast, où ils sont bloqués jusqu'à la fin de la bataille. Quant aux Britanniques, ils prennent Thiepval qui résiste depuis le mois de juillet. C'est en septembre que l'avancée alliée est la plus forte, notamment grâce à l'utilisation d'une nouvelle arme lors de la prise de Flers, le 15 septembre : le char d'assaut blindé.

Les chars d'assaut sont utilisés en masse pour la première fois lors de la bataille de la Somme. Ils ont été développés sur ordre de Winston Leonard Spencer Churchill (homme d'État britannique, 1874-1965) qui lance les recherches dès 1915 à partir du tracteur à chenilles *Caterpillar*. Après des essais concluants, cent chars sont commandés. Ces engins blindés présentent plusieurs avantages :

- ils peuvent franchir des barbelés et des tranchées ;

- ils disposent d'une puissance de feu permettant une attaque sécurisée de points fortifiés ;
- ils assurent la percée du front, suivis de l'infanterie.

Mais la faiblesse de son blindage et sa faible vitesse (6 km/h) les rendent vulnérables et le bruit de leur moteur en fait un engin peu discret. De plus, leur capture éventuelle par les Allemands risquerait d'en révéler les secrets de fabrication. C'est d'ailleurs en secret qu'ils ont été élaborés et le terme de « tank » (qui signifie « réservoir ») a été choisi par les Anglais pour masquer sa vraie nature aux Allemands. Leur utilisation le 15 septembre est calculée pour conserver l'effet de surprise : les chars d'assaut avancent de nuit, le bruit du moteur étant masqué par celui des bombardements et des avions, pour éviter d'être repérés par l'artillerie allemande. En 1916, ils permettent d'économiser des vies humaines et de déstabiliser l'adversaire.

Malgré quelques succès isolés, les mois d'octobre et de novembre ne connaissent plus d'avancée significative, notamment à cause du mauvais temps qui ne cesse de se dégrader et des contre-attaques acharnées des Allemands.

DES CONDITIONS DE VIE ET DE COMBAT ÉPOUVANTABLES

Les conditions de vie et de combat que connaissent les soldats, tant alliés et qu'allemands, sont effroyables durant quasiment toute la bataille. L'enfer des tranchées n'a jamais été aussi intense que lors de la bataille de la Somme en raison notamment des mauvaises conditions climatiques. En effet, dès le 4 juillet, le temps change et le brouillard, les pluies, les tempêtes et les orages se succèdent sur le front durant presque tout l'été. Les troupes s'enlisent peu à peu dans un sol crayeux qui se transforme en boue épaisse et profonde en cas de fortes précipitations. Le brouillard empêche les observations aériennes et les réglages d'artillerie. Les obus s'enfonçant dans le sol, les tranchées adverses sont de plus en plus difficilement détruites ; de plus, après quatre mois de bombardements intenses, les canons s'usent et deviennent moins précis. Pire, en novembre tombent les premières neiges et les Poilus ont les pieds gelés par le froid.

Au fil des jours, le terrain se transforme en cloaque, rendant les pistes quasi impraticables et les relèves difficiles à assurer. La plupart des routes du front sont bloquées par des camions abandonnés et embourbés, ce qui entraîne des retards dans les ravitaillements. Pour circuler d'une tranchée à l'autre, les hommes doivent sortir des tranchées et se rendent visibles à l'ennemi qui, pourtant, ne leur tire pas dessus, subissant lui aussi le même calvaire. Dans ces conditions, le transport des blessés et, pire, leur survie relèvent de l'exploit.

Si le champ de bataille est impraticable, la situation n'est pas enviable dans les tranchées : les hommes pataugent dans 90 centimètres de boue et d'eau, ce qui entraîne l'effondrement des parois. La capote des soldats se retrouve lestée de 15 à 25 kilos de boue rendant la marche difficile. Certains se retrouvent même bloqués dans des bourbiers ne pouvant en sortir que grâce à des cordes, quand ils ne s'y noient pas. De plus, la longueur de la bataille et les contre-attaques françaises de Verdun ne permettent pas d'assurer des relèves régulières. Les morts sont tellement nombreux sur le *no man's land* qu'il est impossible de tous les enterrer.

Dans ces conditions, poursuivre la bataille tient plus de la volonté d'éviter l'inaction des troupes que d'une recherche d'efficacité. À partir de la fin du mois octobre, comme le rapporte le soldat français Pierre Petit, « la guerre s'enlise » et « on sent une lassitude » dans les troupes ; « le fameux grand jour s'éloigne » (PETIT (Pierre), *Souvenirs de guerre*, Nanterre, Académie européenne du Livre, 1989-1999). La bataille de la Somme est devenue un véritable cauchemar pour les deux camps.

CINQ MOIS DE COMBATS COÛTEUX ET STÉRILES POUR DES GAINS MINIMES

La bataille de la Somme prend fin, après cinq mois de combats intenses, le 19 novembre 1916 pour les Britanniques ; pour les Français, devant la situation qui s'aggrave, elle se poursuit jusqu'au 18 décembre, date à laquelle Joseph Joffre renonce aux opérations.

L'offensive n'a pas percé comme l'espéraient les Alliés : ni Bapaume, ni Péronne ne sont reprises. Cependant, le front s'est tout de même légèrement déplacé : au plus loin, à Sailly-Saillisel, la progression est de 12 kilomètres. Mais, d'un front rectiligne au 1er juillet, on passe désormais à un croissant plus difficile à défendre.

En cinq mois, elle est l'une des plus longues et des plus meurtrières de la Première Guerre mondiale : les Alliés payent un lourd tribut pour les quelques kilomètres gagnés. Ils totalisent 622 221 hommes mis hors de combat (blessés, morts ou disparus) dont :

- 419 654 Britanniques parmi lesquels on dénombre 206 282 morts ou disparus ;
- 202 567 Français parmi lesquels on dénombre 66 688 morts ou disparus.

Les Allemands ont, quant à eux, perdu 437 322 hommes. En pertes journalières, cela représente 2 976 Britanniques, 1 437 Français et 3 100 Allemands.

Cependant, c'est le 1er juillet 1916, jour du déclenchement de la bataille, qui est le plus meurtrier de toute l'histoire britannique : ce jour, surnommé le *Black Saturday*, voit leurs pertes s'élever à 30 000 hommes, en seulement six minutes et, le soir, le bilan atteint les 60 000 hommes dont 20 000 morts. C'est un traumatisme pour les Britanniques.

Les lourdes pertes que subissent les Alliés s'ex-
pliquent par plusieurs raisons :

- après leur ressaisissement, la nouvelle tactique
  allemande consiste à ne plus perdre de terrain,
  en laissant des hommes dans les tranchées
  avec des armes automatiques et en cachant
  les mitrailleuses et les snipers dans les blés,
  ce qui surprend les Alliés et rompt les vagues
  d'assaut ;
- l'absence de communication entre l'arrière
  et les lignes avant. Les états-majors ignorent
  souvent la réalité de la bataille parfois pendant plusieurs heures. Ils croient, par exemple,
  diriger des unités qui ont été anéanties en
  quelques minutes ;
- au fur et à mesure que les troupes avancent,
  le nouveau front se dessine en rentrants et en
  saillants, ce qui ne facilite ni les préparations
  et les destructions d'artillerie, ni les attaques
  générales. Les assauts sont donc de plus en
  plus meurtriers ;
- le mauvais temps bloque également à maintes
  reprises les troupes alliées en plein assaut qui
  se perdent dans le no man's land ;
- de plus, les Alliés n'ont pas prévu un service
  de santé adapté à un tel désastre. La plupart

des blessés meurent avant d'être emportés, parfois après plusieurs jours d'agonie.

Mais ces éléments ne suffisent pas à expliquer l'hécatombe britannique survenue le 1er juillet. Ce jour-là, lorsque l'attaque est lancée, les soldats anglais marchent en suivant les ordres de leurs officiers. Surpris au départ, les Allemands n'ont plus qu'à tirer en masse et voir les Britanniques tomber par centaines. Pourtant cette marée humaine britannique aurait pu emporter les lignes allemandes qui étaient prêtes à se rendre, mais, en voyant l'ennemi marcher puis perdre autant d'hommes en si peu de temps, la plupart des Allemands sont restés dans leurs tranchées pour tirer à vue. Les causes de la lenteur britannique lors de l'assaut sont multiples :

- après la lourde préparation de l'artillerie, l'armée anglaise est persuadée que toutes les défenses allemandes sont anéanties. Ils ignorent donc que les Allemands se sont considérablement fortifiés dans des abris souterrains d'où ils surgissent entièrement indemnes après les bombardements ;
- la préparation d'artillerie n'a pas rempli son rôle. Elle a couvert une surface trop étendue

avec trop de cibles. De plus, les canons anglais sont obsolètes, inadaptés et insuffisants ;

- la faiblesse de l'armée de volontaires composée d'hommes peu qualifiés et les états-majors incompétents, incapables de manœuvrer et de communiquer avec les vagues d'assaut, jouent beaucoup dans ce carnage.

RÉPERCUSSIONS DE LA BATAILLE

L'ÉCHEC DE LA BATAILLE DE RUPTURE : UNE STRATÉGIE INUTILE...

La bataille de la Somme apparaît comme une tentative de rupture qui a été élaborée sans génie et sans stratégie nouvelle. De plus, elle se trouve presque condamnée à l'échec avant même d'avoir débuté à cause du déclenchement de la bataille de Verdun qui a lieu alors que la bataille est en pleine élaboration : Verdun va donc consommer les énergies françaises qui devaient être lancées dans la Somme. Les ambitions pour cette bataille se réduisent donc comme une peau de chagrin à cause de Verdun. Comme le souligne Alain Denizot (historien français), « avant [même] d'avoir commencé, la Somme a perdu son âme. » (DENIZOT (Alain), *La bataille de la Somme*, Paris, Perrin, 2002) Elle ne verra le jour que grâce à l'entêtement de Joseph Joffre.

Par ailleurs, les dissensions entre celui-ci et Douglas Haig, qui augmentent pendant toute la bataille, conduisent les Alliés à s'éloigner de la stratégie initiale, les Britanniques se contentant de mener de plus en plus d'actions ponctuelles. Partis pour une bataille de rupture, les Alliés s'enlisent rapidement dans une bataille d'usure qui les épuise autant que les Allemands. Dès la mi-juillet et par intermittence, la bataille de la Somme s'essouffle jusqu'en novembre. Les puissantes, mais stériles offensives de rupture de 1916 entraînent l'enlisement qui tourne à un véritable jeu de massacre.

La stratégie de Joseph Joffre a d'ailleurs été maintes fois critiquée, notamment par Marie Émile Fayolle, général français de la 6ᵉ armée (1852-1928), qui déclare qu'il « n'y a aucune idée de manœuvre. D'ailleurs la bataille dont il rêve n'a pas de but » (FAYOLLE (Marie Émile), *Cahiers secrets de la Grande Guerre*, Paris, Plon, 1964). Les Français critiquent aussi la lenteur britannique après le 1ᵉʳ juillet : ceux-ci réduisent sans cesse leur front ce qui limite les effets des conquêtes de terrain, et repoussent les attaques, ce qui est considéré comme l'une des causes de l'échec de la bataille pour les Alliés. Pour les Français, la bataille de la Somme se meurt sur le front britannique dès le mois d'août, les combats se limitant à des petites attaques indépendantes avec de rares progrès.

Il en résulte des paysages cauchemardesques et des villages dévastés. À Maurepas par exemple, repris en août, une troupe demande à un officier où se trouve le village ; l'officier leur répond « Maurepas ? Mais vous y êtes. C'est ça ! » (Lieutenant FONSAGRIVE, *En batterie*, Paris, Delagrave, 1919) ; le « ça » se limitant à des monticules de briques et de pierre dépassant à peine quelques centimètres. À Combles, la préparation d'artillerie a rasé une bonne partie du village : le soldat allemand Ernest Jünger (1895-1998) raconte que « l'artillerie lourde avait transformé une paisible ville d'étape en un spectacle d'horreur. Des maisons entières avaient été abattues par un seul obus » (JÜNGER (Ernst), *Orages d'acier*, Paris, Bourgois, 1981). Après la bataille, les villages ne sont plus repérables dans le paysage que grâce à quelques pans de mur restés debout au milieu de la désolation.

Ainsi, par sa durée, ses pertes et ses résultats minimes, la bataille de la Somme symbolise l'offensive stérile, mais coûteuse, de la Première Guerre mondiale : elle ne change rien au déroulement de la guerre. Les phases d'attaque successives se sont enlisées dans la boue et, même si le bilan paraît plus positif que négatif, il est moins spectaculaire qu'à Verdun, tant il est éloigné des objectifs initiaux.

... QUI DONNE UN LÉGER AVANTAGE AUX ALLIÉS

Si l'issue de la bataille est incertaine, les Alliés en sortent malgré tout avec un léger avantage sur les Allemands. Les Britanniques, d'abord, acteurs principaux de l'attaque alliée, voient leur armée monter en puissance. Ils ont appris en cinq mois de combat et la « méprisable petite armée anglaise » de 1914 devient une armée valeureuse comparable aux troupes française et allemande, ce qui se fait sentir sur le moral des soldats britanniques en hausse à partir de septembre. De plus, le commandement anglais tire les leçons des échecs des premiers assauts et, dès septembre, il refuse de se lancer dans une attaque sans y être préparé.

De leur côté, les Allemands ont beaucoup souffert pendant cette bataille. Ne s'attendant pas à une attaque sur ce front, la situation devient rapidement critique : hormis quelques succès locaux, ils sont débordés partout le 1er juillet par les actions ennemies. Tout en résistant avec acharnement, le découragement monte dans leurs rangs à mesure que les pertes s'alourdissent. L'usure des forces physiques et morales est intense, les hommes ne pouvant rester sur le front que quelques jours avant d'être relevés. Avec la bataille de la Somme, les Allemands se retrouvent sur la défensive et prennent conscience que la victoire ne leur est pas assurée. Le capitaine Otto von Henting confirme : « la Somme est la tombe boueuse de l'armée allemande et de la confiance dans l'infaillibilité de la primauté allemande » (DENIZOT (Alain), *La bataille de la Somme*, Paris, Perrin, 2002) Malgré sa résistance courageuse, l'armée allemande subit un effet psychologique négatif, une crise morale du soldat. Au final, ceux-ci ne résistent sur la Somme que grâce à l'arrivée constante de renforts venus principalement de Verdun, entraînant leur défaite sur ce front. En février 1917, les Allemands procèdent à une retraite stratégique de soixante kilomètres et se réfugient derrière la ligne Hindenburg.

De plus, si les objectifs initiaux de la bataille ne sont pas atteints (Bapaume et Péronne), le dégorgement du front de Verdun et le renversement de cette bataille sont un succès. Si la bataille de la Somme est déclenchée alors que la situation est critique sur le front de Verdun, elle permet de le dégager et assure aux Français la victoire à la fin de l'année 1916 alors que, dans le même temps, en octobre-novembre, la bataille de la Somme s'enlise. Dès le mois de juillet, les Allemands dégarnissent Verdun au profit de la Somme réduisant de fait l'étreinte dans ce secteur.

Au niveau de l'armement, la bataille de la Somme a démontré l'utilité des chars d'assaut tant pour enlever des positions que pour protéger les assauts de l'infanterie. Les modèles de 1916 présentent toutefois des faiblesses qu'il convient d'améliorer, notamment leur consommation d'huile et d'essence qui est considérable. Les Britanniques s'efforcent donc par la suite à augmenter leur vitesse, leur blindage, leur maniabilité, à mieux former l'équipage et à veiller à leur entretien. Il leur faut également mettre au point une tactique permettant de lier char et infanterie lors des assauts. Toutefois, en 1916, l'état-major ne leur accorde qu'un rôle secondaire. Cependant, Douglas Haig réclame la fabrication de quelques milliers d'engins, considérant que leur utilisation en masse peut faire basculer le sort d'une bataille tout en réduisant les pertes humaines.

UN LIEU DE MÉMOIRE POUR LES BRITANNIQUES ET LES ALLEMANDS, UNE BATAILLE OUBLIÉE POUR LES FRANÇAIS

Les sites de commémoration de la bataille de la Somme sont rares du côté français, preuve s'il en est que Verdun l'a fait oublier. En effet, la seule victoire marquante française a lieu au début de juillet, par la suite, il ne s'agit plus que d'actions de grignotage du front. Le symbole français ne s'y trouve donc pas, surtout quand, parallèlement, les Poilus souffrent dans les tranchées à Verdun. D'ailleurs la remise en état rapide des villages et des champs détruits, contrairement à Verdun, montre la volonté d'oublier cette bataille.

Elle apparaît davantage comme un symbole pour les Britanniques et les Allemands : les premiers y lancent leur première grande bataille de la guerre, les seconds s'y défendent et souffrent. Au regard des pertes subies, le 1er juillet devient le *Memorial Day* pour les Britanniques. C'est d'ailleurs à eux que l'on doit la construction, en 1932, du monument aux disparus de Thiepval en 1932 en hommage à tous les hommes tombés. Par ailleurs, les Allemands souffrent durement, et ce pour la première fois depuis 1914, ce qui fait de cette bataille un symbole du retournement des avantages : les Alliés prennent enfin le dessus. L'enfer qu'ont connu ces deux nations dans cette bataille et les pertes engendrées justifie bien le symbole qu'elles y attachent.

EN RÉSUMÉ

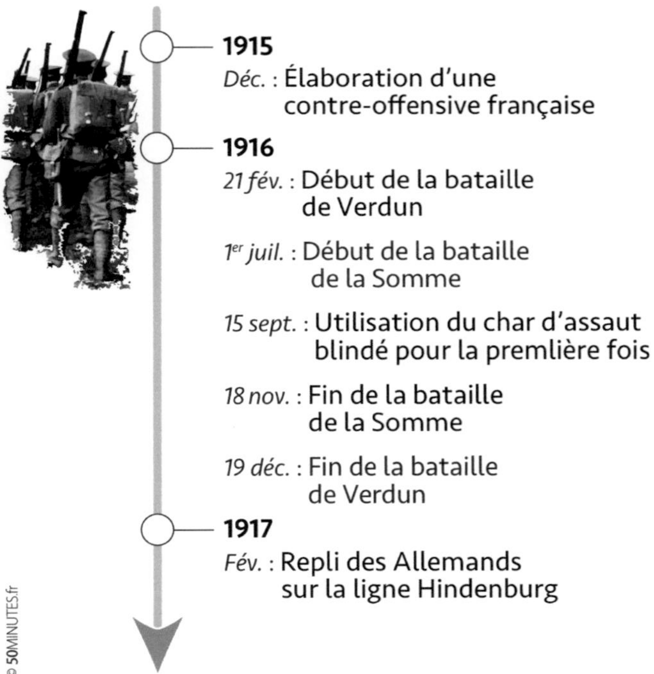

- Après la guerre de 1870, le chancelier allemand Otto von Bismarck cherche à isoler la
France sur le plan international, d'une part, en

l'encourageant à se lancer dans l'aventure coloniale – espérant secrètement faire naître un conflit durable avec la Grande-Bretagne – et, d'autre part, en nouant la Triple-Alliance avec l'Autriche-Hongrie et l'Italie en 1882.

- La France parvient à se rapprocher, dans un premier temps, de la Russie en signant une entente franco-russe en 1893 et, dans un second temps, de la Grande-Bretagne grâce à l'Entente cordiale de 1904. En 1907, ces trois nations forment la Triple-Entente.
- En 1914, après l'assassinat de l'archiduc François-Ferdinand de Habsbourg à Sarajevo le 28 juin, les tensions se font de plus en plus sentir : la mobilisation générale est décrétée partout. Le jeu des alliances internationales constitue donc un piège dans lequel, en juillet-août 1914, les États se retrouvent coincés, la situation échappant rapidement à tout contrôle et entraînant les nations dans la guerre.
- Le 4 août 1914, l'Allemagne ouvre les hostilités en envahissant la Belgique qui résiste et retarde l'avancée allemande. Battus, les Alliés se replient sur la Marne et lancent une grande offensive qui stoppe définitivement les

Allemands. Le front se stabilisant sur 750 kilomètres, la guerre de mouvement s'arrête et laisse place à une guerre de position entraînant toute la société dans une guerre totale.

- En 1915, le général Joseph Joffre prépare une grande offensive, menée conjointement avec les Britanniques dans la Somme, point de jonction entre les armées française et britannique, prévue pour 1916. Mais, ce qui devait être une offensive française soutenue par les Britanniques devient rapidement l'inverse : avec le déclenchement de la bataille de Verdun par les Allemands, les forces françaises se trouvent concentrées dans ce secteur laissant l'effort principal à fournir aux Britanniques. La stratégie et les objectifs restent toutefois les mêmes : lancer des assauts répétés à brefs intervalles visant des objectifs limités pour enfoncer progressivement l'ennemi.
- L'attaque, surnommée *The Big Push*, est fixée au 1er juillet 1916 : les Alliés alignent 44 divisions contre huit divisions allemandes, plus 13 en réserve, sans compter celles débarquées du front de Verdun au cours de la bataille. Mais les Allemands ont considérablement consolidé

leurs lignes sur trois positions et occupent de puissants abris souterrains qui les protègent des bombardements alliés. Le 1ᵉʳ juillet, la surprise est totale pour les Allemands qui se ressaisissent pourtant rapidement. L'optimisme des Alliés, certains de leur victoire, laisse alors place à un traumatisme qui marque les hommes pour toute la durée de la bataille.

- Dès juillet, la bataille de rupture s'enlise dans une bataille d'usure : les percées tant attendues n'arrivent pas ; les Allemands souffrent, mais résistent. Les Alliés stagnent en août et toutes les attaques sont reportées à septembre. Par la suite, octobre et novembre ne connaissent plus d'avancée significative. La dégradation des conditions climatiques de juillet à décembre rend la vie des soldats épouvantable. Le moral des troupes est atteint. L'enfer des tranchées n'a jamais été aussi intense que lors de la bataille de la Somme.

- La bataille de la Somme prend fin, après cinq mois de combats intenses, le 18 novembre 1916 : malgré une avancée de 12 kilomètres, la grande percée voulue par Joseph Joffre est un échec. Les pertes sont lourdes dans les deux camps. De plus, la région est dévastée : les paysages sont cauchemardesques et les villages rasés.

- La bataille de la Somme symbolise l'échec de la bataille de rupture alliée : la stratégie de Joseph Joffre est maintes fois critiquée et les dissensions entre Alliés sont croissantes. Cependant, les Alliés acquièrent un léger avantage : le coup porté au moral des troupes allemandes est considérable ; ils sont pour la première fois sur la défensive et prennent conscience que la victoire ne leur est pas assurée. En outre, la bataille de la Somme a permis la victoire à Verdun, les Allemands ayant été obligés de réduire leur pression dans ce secteur.

- Sur le plan stratégique, en février 1917, les Allemands se retirent définitivement du front de la Somme et se replient sur la ligne fortifiée Hindenburg qui tombera en septembre 1918.

- Aujourd'hui, les sites de commémoration de cette bataille sont rares du côté français, preuve s'il en est que Verdun l'a fait oublier. Par contre, symbole de souffrance et de traumatisme pour les Britanniques et les Allemands, elle est beaucoup plus présente dans les mémoires de ces peuples.

Votre avis nous intéresse !
Laissez un commentaire sur le site de votre
librairie en ligne et partagez vos coups de cœur sur
les réseaux sociaux !

POUR ALLER PLUS LOIN

SOURCES BIBLIOGRAPHIQUES

- AUDOIN-ROUZEAU (Stéphane) et BECKER (Annette), *La Grande Guerre* (1914-1918), Paris, Gallimard, 1998.

- AUDOIN-ROUZEAU (Stéphane) et BECKER (Jean-Jacques), *Encyclopédie de la Grande Guerre. 1914-1918*, Paris, Bayard, 2004.

- AUDOIN-ROUZEAU (Stéphane), BECKER (Jean-Jacques), MIQUEL (Pierre) et WINOCK (Michel), *14-18 : Mourir pour la patrie*, Paris, Points, 2007.

- BECKER (Jean-Jacques), *La Première Guerre mondiale*, Paris, Belin, 2003.

- BUFFETAUT (Yves), *Atlas de la Première Guerre mondiale. 1914-1918, la chute des empires européens*, Paris, Autrement, 2005.

- COCHET (François) et PORTE (Rémy), *Dictionnaire de la Grande Guerre 1914-1918*, Paris, Robert Laffont, 2008.

- DENIZOT (Alain), *La bataille de la Somme. Juillet-novembre 1916*, Paris, Perrin, 2002.

- DUHAMEL (Georges), *Vie des martyrs et autres récits des temps de guerre*, Paris, Omnibus, 2005.

- FAYOLLE (Marie Émile), *Cahiers secrets de la Grande Guerre*, Paris, Plon, 1964.

- JÜNGER (Ernst), *Orages d'acier*, Paris, Bourgois, 1981.

- KEEGAN (John), *La Première Guerre mondiale*, Paris, Perrin, 2003.

- Lieutenant FONSAGRIVE, *En batterie*, Paris, Delagrave, 1919.

- LEYMARIE (Michel), *De la Belle Époque à la Grande Guerre*. 1893-1918, Paris, Le Livre de Poche, 1999.

- PETIT (Pierre), *Souvenirs de guerre*, Nanterre, Académie européenne du Livre, 1989-1999

- PRIOR (Robin) et WILSON (Trevor), *La Première Guerre mondiale*. 1914-1918, Paris, Autrement, 2001.

SOURCES COMPLÉMENTAIRES

- ABADIE (Maurice), Flaucourt ou la percée des lignes allemandes en juillet 1916 au sud de la Somme, Paris, Berger-Levrault, 1933.

- AUDOIN-ROUZEAU (Stéphane), HORNE (John), PRÉVOST-BAULT (Pascale) et HADLEY (Frédérick), 1916. La bataille de la Somme, Paris, Somogy Editions, 2006.

- GILABERT (René), La bataille de la Somme. Le sacrifice, Albi, Un Autre Reg'Art, 2009.

- KEEGAN (John), Anatomie de la bataille, Paris, Perrin, 2013.

- « La bataille de la Somme », dans Site des Chemins de Mémoire, à la découverte des lieux de mémoire, consulté le 14 septembre 2013. http://www.cheminsdememoire.gouv.fr/fr/la-bataille-de-la-somme-0

- LAURENT (André), La bataille de la Somme, 1916, Amiens, Martelle, 2006.

- Les Batailles de la Somme, guide Michelin des champs de batailles paru en 1920.

- MIQUEL (Pierre), Les oubliés de la Somme, Paris, Tallandier, 2003.

- PHILPOTT (William), « The Big Push : L'armée britannique sur la Somme », in Revue historique des Armées, n° 242, 2006, p. 70-83.

- PHILPOTT (William), Bloody Victory, The Sacrifice on the Somme and the Making of the Twentieth Century, London, Abacus, 2010.

- PHILPOTT (William), Three Armies on the Somme, New York, Knopf, 2010.

- PRIOR (Robin) et WILSON (Trevor), The Somme, Londres, Yale University Press, 2005.

- SOUDAGNE (Jean-Pascal), Le circuit du souvenir. La Somme dans la guerre de 14-18, Rennes, Ouest-France, 2005.

DOCUMENTAIRES ET LITTÉRATURE

- *La Bataille de la Somme*, documentaire de Geoffrey H. Malins et John B. McDowell, Grande-Bretagne, 1916.

- *14-18, le Bruit et la Fureur*, documentaire de Jean-François Delassus, France, 2008.

- ALTAM (C.), *Les Tanks à la bataille de la Somme*, 2013.

MUSÉES ET BÂTIMENTS COMMÉMORATIFS

- *Thiepval Memorial to the Missing*, centre commémoratif de la bataille à Thiepval (France).

- Historial de la Grande Guerre à Péronne (France).

- Lochnagar Crater, l'un des plus grands cratères de mine du conflit, à Ovillers-la-Boisselle (France).

- La Maisonnette qui montre une vue sur le champ de bataille à Biaches (France).

- Le cimetière allemand de Berny, le plus grand de la Somme (France).

- Le blockhaus allemand de Combles (France).

- La chapelle du Souvenir Français à Rancourt (France).

- Les tranchées du parc de Gommecourt (France).

- Le musée Somme 1916 à Albert (France).

- Le *Pozières British Cemetery and Memorial* à Pozières (France).

L'éditeur veille à la fiabilité des informations publiées, lesquelles ne pourraient toutefois engager sa responsabilité.

© **50MINUTES, 2014. Tous droits réservés.**
Pas de reproduction sans autorisation préalable.
50MINUTES est une marque déposée.

www.50minutes.fr

ISBN ebook : 978-2-8062-5407-8
ISBN papier : 978-2-8062-5588-4
Dépôt légal : D/2014/12603/31
Photo de couverture : *Soldats marchant vers La Somme.* La photo reproduite est réputée libre de droits.

Conception numérique : Primento,
le partenaire numérique des éditeurs